Linde Doblmayr

Perlen der Erkenntnis
Pearls of Wisdom

Gedichte
Poems

Linde Doblmayr wurde in Wels geboren. Nach einer langjährigen internationalen Tätigkeit lebt sie nun in Wien. Inspiriert von ihren Erfahrungen und einer psychologischen Ausbildung, schreibt sie Gedichte, die sich als Lebenshilfe anbieten.

Perlen der Erkenntnis
Pearls of Wisdom

© 2023 Linde Doblmayr
Taschenbuch © 2023 BRINKLEY Verlag

Ohne schriftliche Genehmigung des Herausgebers darf kein Teil dieser Publikation in irgendeiner Form vervielfältigt, übertragen oder gespeichert werden.

Satz: Constanze Kramer, coverboutique.de

Lektorat / Korrektorat: Dr. Nora Preuß

Lektorat / Korrektorat E: Kelly McErlean

©Umschlaggestaltung: Steph Buncher
www.stephbuncherdesign.co.uk

Gedruckt und gebunden von: SKALA PRINT

ISBN 978-3-903392-10-6

www.brinkley-verlag.at

Linde Doblmayr

Perlen der Erkenntnis

Pearls of Wisdom

Gedichte
Poems

Pearls of Wisdom

by Linde Doblmayr

»These insightful poems take us on a journey through the mysteries of everyday life.
They speak of love, fear, happiness and hardship.
Their rhythm inspires the imagination, to evoke feelings and stimulate emotions.
Insignificant events are recorded, condensed and released with a newfound energy, full of hope and ideas.
This collection of biographical wisdom asks the reader to reflect and calls the actor to action.«

Fridhelm Klein
Art Professor Munich

Perlen der Erkenntnis

von Linde Doblmayr

»Da liegt uns eine geheimnisvolle, gereimte Mixtur
von Beobachtungen aus dem Alltagsleben vor.
Auf einer Reimreise ins Land der Phantasie und Poesie
scheinen Weisheiten über Liebe, Not, Glück, Angst
und Freundschaft auf.
Unsere Gedanken bekommen Aufwind zum eigenen
Fliegen. Der Reim wird zur Stütze bei unserem Ausflug.
Gefühle wecken vielfältige Bilder.
Die kleinen und großen Tagesereignisse werden
verdichtet und setzen Kräfte frei für eigene Wünsche,
Hoffnungen und Ideen.
Diese Sammlung biographischer Lebenszitate setzt
in humorvoller Weise Impulse, die zum Nachdenken
und eigenem Handeln auffordern.«

Fridhelm Klein
Kunstprofessor, München

LOVE

LOVE IS LIGHT, LOVE IS BRIGHT
WE CAN START TONIGHT
SENDING LOVE TO EVERYONE
TO MAKE US FEEL NEWLY BORN

LIEBE

LEICHT IST DIE LIEBE, WENN SIE WILL
WENN NICHT, BLEIBT DAS HERZ WOHL STILL
DAS ABER VOLLER SEHNSUCHT IST
UND AUF DIE LIEBE GANZ VERGISST
WIE WÄR'S, DAS HERZ ZU AKTIVIEREN
DIE LIEBE DRIN ZU INTEGRIEREN
UM SIE DANN SELBSTLOS ZU VERGEBEN
UND IM HIER UND JETZT ZU LEBEN

FATE

IT IS NEVER TOO LATE
TO CHANGE YOUR FATE
HAVE YOU THOUGHT
HOW MUCH PAIN IT BROUGHT?
IF YOU KNOW WHAT'S GOOD FOR YOU
THEN EXACTLY THAT WILL COME THROUGH

Schicksal

DIE URSACHE LIEGT OFT WEIT ZURÜCK
SIE DRÜCKT SICH AUS IN LEID UND GLÜCK
SCHICKSAL WIRD MAN DIES WOHL NENNEN
ABER LEID KANN MAN AUCH UMBENENNEN
DENKT MAN SICH WAS GUTES AUS
BLEIBT DIE WIRKUNG AUCH NICHT AUS

HAPPINESS

HOW CAN WE FIND HAPPINESS?
SURELY IN AVOIDING STRESS
IT IS IN US WHEN WE STAND STILL
THEN WE WILL KNOW WHAT WE FEEL

THE HAPPINESS YOU SEEK TO FIND
LIES SOMEWHERE ELSE
AND MAKES YOU BLIND
IF YOU SEE LONELINESS AS PAIN
YOU WILL LOOK FOR IT IN VAIN

GLÜCK

SO OFT SCHON WURDE GLÜCK GEPRIESEN
DOCH ES IST WOHL AUCH ERWIESEN
DASS DAS GLÜCK NUR KOMMEN KANN
GANZ ENTRÜCKT UND OHNE ZWANG

DAS GLÜCK, DAS MAN ZU FINDEN HOFFT
LIEGT GANZ WOANDERS, WIE SO OFT
SIEHT MAN DIE EINSAMKEIT ALS PEIN
DAS GLÜCK LIEGT WOHL IM ALL-EINS-SEIN

Compassion

DON'T PITY PEOPLE – IT MAKES THEM ILL
THEY START LOSING THEIR OWN WILL
IT'S BETTER FOR THEIR SATISFACTION
TO CHANGE PITY TO COMPASSION

Mitleid

ES MACHT NICHT SINN, MITZULEIDEN
UND HILFE DADURCH ZU VERMEIDEN
DASS MAN AUF'S LEID SICH KONZENTRIERT
UND SO HILFE GAR NICHT MÖGLICH WIRD

HAT MAN DAS EIGENE LEID BEZWUNGEN
IST NÄCHSTENLIEBE SCHON GELUNGEN
UND NACH ALL' DIESEM GEWÜHL
WIRD MITLEID DANN ZU MITGEFÜHL

ENVY

DON'T ENVY PEOPLE – LOVE THEM INSTEAD
EVEN IF IT DOES NOT GO INTO YOUR HEAD
ENVY GETS BACK TO YOU
AND BEING LOVED CANNOT GET THROUGH

NEID

SCHON VIELE HABEN NEID BESCHRIEBEN
ER IST DER MENSCHHEIT AUCH GEBLIEBEN
WARUM ENTSTEHT ER, WAS IST DER GRUND?
WAS HAT DER ANDERE, WAS MACHT MICH WUND?
LERNEN WIR UNS ZU AKZEPTIEREN
KÖNNEN WIR SPIELERISCH KREIEREN

Doubt

SO OFTEN ARE WE IN DOUBT
IT DOES NOT LEAVE YOU WHEN YOU SHOUT
GO INTO YOUR INNER SELF
YOU WILL SEE THE ANSWER ON A SHELF

ZWEIFEL

VON DER WIEGE BIS ZUM GREISE
BESTIMMEN ZWEIFEL UNSER SEIN
DOCH ES HAT SIE AUCH DER WEISE
UM ZU LINDERN DIESE PEIN

Hatred

THERE ARE STILL PEOPLE WHO HATE
TO CHANGE THAT IS NEVER TOO LATE
ATTENTION IS WHAT THEY NEED
SO THEY CAN HAVE A GOOD SLEEP

Hass

ES MACHT NICHT SINN, IHN AUSZULASSEN
GIBT ES WOHL MENSCHEN, DIE NOCH HASSEN
DOCH DIE SEELE VOLLER HIEBE
SCHREIT SIE NICHT NUR NACH MEHR LIEBE?

Fear

FEAR EXISTS ONLY IN YOUR MIND
YOU ARE AFRAID OF EVERY KIND
CHANGE YOUR FEAR TO HAPPINESS
AND THROW AWAY YOUR DISTRESS

Angst

ANGST ENTSTEHT DURCH FALSCHES DENKEN
DOCH WÄRE SIE SO LEICHT ZU LENKEN
UND BEKÄM' EIN NEU' GESICHT
LEBE MAN IN ZUVERSICHT

LEARNING

WHY ARE WE HERE ON EARTH?
EACH BEING HAS MUCH WORTH
FOR WE HAVE WEALTH TO EARN
WHEN WE ARE PREPARED TO LEARN

LERNEN

AUF DIESER ERDE SIND WIR JETZT
UM ZU ERKENNEN DAS GESETZ
VON URSACHE UND WIRKUNG
UND KOMMT IM TUN
ZUR ANWENDUNG

Humbleness

IF YOU ARE HUMBLE, YOU WILL FEEL FREE
NOBODY CAN SUPPRESS YOU
DON'T MIX IT UP WITH HUMILITY
THEN FREEDOM WILL COME THROUGH

Demut

EIN MENSCH, DER DEMUT IN SICH BIRGT
SPÜRT, WIE DAS GÖTTLICHE IN IHM WIRKT
ER WIRD NICHT LANGE UM SICH BANGEN
UND BALD GEBORGENHEIT ERLANGEN

Soul

YOUR SOUL CANNOT BE SEEN
YOU ONLY FEEL IT AS A SCREEN
LET LOVE OVERWHELM YOU
TO SEE THE WISHES GETTING THROUGH

SEELE

WO KANN DIE SEELE MAN WOHL FINDEN
SCHON VIELE WOLLTEN DIES ERGRÜNDEN
UND KANN MAN SIE AUCH NICHT ERBLICKEN
IN LIEBE WIRD SIE SICH AUSDRÜCKEN
HABEN MENSCHEN SICH ERKANNT
WIRD SEELENFREUNDSCHAFT ES GENANNT

FRIENDSHIP

LOOKING FOR A FRIEND
IT WILL TAKE SOME TIME TO SPEND
A REAL FRIEND IS ALWAYS THERE
DOES NOT ASK WHEN AND WHERE
HE WILL THINK OF YOU AND YOU WILL BE FINE
IF NEEDED, HE ALWAYS HAS TIME
EVEN IF HE IS UNDER STRESS
IT'S NEVER NO – IT'S ALWAYS YES

FREUNDSCHAFT

NICHT JENER IST EIN GUTER FREUND
DER IMMER NUR SICH SELBST BEWEINT
UND DADURCH GANZ UND GAR VERGISST
WIE'S WOHL DEM ANDEREN ZUMUTE IST
EIN GUTER FREUND MACHT SICH GEDANKEN
WIESO EIN MENSCH GERIET INS WANKEN
UND SOMIT DADURCH ERST ERKENNT
WAS IN SEINEM HERZEN BRENNT

THANKFULNESS

TWO SMALL WORDS WITH POWER
DON'T NEED A CERTAIN HOUR
SAID TO PEOPLE, NOT THE FEW
THESE MAGIC WORDS ARE THANK YOU!

DANKBARKEIT

WIE SCHÖN IST ES IN DIESEN TAGEN
IN DENEN MENSCHEN SICH NUR JAGEN
DASS EINIGE DIR WIRKLICH GÖNNEN
IHNEN DANKE SAGEN ZU KÖNNEN

Sense

SO MUCH IN LIFE WE DO NOT SENSE
TRUST YOUR FEELINGS IN EXCHANGE
YOUR SUBCONSCIOUS IS WISE
IT WILL TELL YOU WHAT'S THE SENSE OF LIFE

Sinn

WAS IST SCHON DER SINN DES LEBENS
DIE SUCHE DANACH IST VERGEBENS
SINN SCHLEICHT SICH INS LEBEN EIN
UND BIST IM EINKLANG MIT DEM SEIN

Senselessness

WHAT IS THE SENSE OF LIFE?
THE ONE WHO KNOWS IS WISE
FINDING WISDOM – THAT'S THE BEST
AND GETS YOU OUT OF SENSLESSNESS

Unsinn

WIE KANN MAN UNSINN SCHON ERKENNEN
WER WAGT ES, IHN AUCH SO ZU NENNEN
SO MANCHER FAND GERADE DARIN
SCHON WIEDER SEINEN SINN

Letting Go

IT IS A CONTRADICTION
IT SOUNDS LIKE FICTION
BUT IT IS REALLY SO
YOUR WISH COMES TRUE WHEN YOU LET GO

Loslassen

IM WIDERSPRUCHE GANZ GEFANGEN
UND ANFANGS GAR NICHT LEICHT ZU FASSEN
IST, DASS WIR ALLES ERST ERLANGEN
WENN WIR LERNEN LOSZULASSEN

Art

IMAGINE LIFE WITHOUT ART
IT WOULD BE BORING AND HARD
SO HOW GLAD ARE WE
THAT WE HAVE CREATIVITY

Kunst

HAT EINER SICH DER KUNST VERSCHRIEBEN
SO IST ZUMINDEST EINS GEBLIEBEN
DASS DAS, WAS IMMER ER KREIERT
SO MANCHEN WOHL VERÄNDERN WIRD

Pain

WHO WAS NOT YET TOUCHED BY PAIN
AND THE SUBCONSCIOUS ASKS IN VAIN
WHY WAS I SO DEEPLY HIT?
TAKE IT WITH A PINCH OF SALT
ONCE PAIN DECIDES TO QUIT
HAPPINESS IS BACK, YOU MUST ADMIT

Schmerz

WER HAT NICHT SCHON SCHMERZ VERSPÜRT
UND WAR DAVON AUCH SEHR BERÜHRT
WARUM TRIFFT ER MICH SO TIEF
DAS UNBEWUSSTE ZU MIR RIEF
DOCH IST ER WEG, DANN IST MAN HEITER
UND EIN KLEINES STÜCKCHEN WEITER

Weeping

WEEP IF YOU FEEL LIKE IT
EMOTIONS ARE NOT EASY TO KEEP
RELEASE THEM FROM INSIDE
AND FEEL YOUR HEART GETTING WIDE

Weinen

UNTERDRÜCKE NICHT DEIN WEINEN
DU BIST NICHT SCHWACH, WIE VIELE MEINEN
ABER MAN VERGISST
WIE BEFREIEND WEINEN IST
EINE GNADE IST ES DANN
WENN MAN WIRKLICH WEINEN KANN

Coincidence

COINCIDENCE DOES NOT EXIST
IT RISES LIKE A MIST
THINGS HAPPEN WHICH YOU CANNOT CHANGE
THAT IS WHAT WE CALL COINCIDENCE

ZUFALL

BIST DU IN DEINEM GANZEN WESEN
EINMAL SO UNSCHLÜSSIG GEWESEN
OB DAS, WAS DIR FORTAN GESCHAH
DOCH VIELLEICHT KEIN ZUFALL WAR
UND HAST ERKANNT, JETZT UND VOR ALLEM
ES IST MIR ALLES ZUGEFALLEN

Laughing

LAUGHING IS HEALTHY
YOUR SENSES GET WEALTHY
YOUR SOUL WILL BECOME LIGHT
AND YOUR SYSTEM BRIGHT

Lachen

MAN SAGT, ES SEI WIE MEDIZIN
WENN MAN ES KANN, SO MITTENDRIN
IM WIRRWARR UNSERES LEBENS
LACHEN IST WOHL NIE VERGEBENS

Courage

COURAGE IS SOMETHING TO BE ADMIRED
EVEN IF YOU SOMETIMES GET TIRED
BE COURAGEOUS MOST OF THE TIME
AFTER, YOU ALWAYS FEEL FINE

Mut

MUT IST NICHT, EINFACH ZU SPRINGEN
IN EIN NICHTS, WIE VON SINNEN
MUT IST, EINMAL NACHZUDENKEN
DIE GEDANKEN INS INNERE ZU LENKEN
UM BLOCKADEN ZU ERKENNEN
DIE UNS IN DER ENTWICKLUNG HEMMEN

Patience

YOU CAN ACHIEVE MUCH
WITH JUST A TOUCH
OF PATIENCE, YOU WILL SEE
THINGS WILL CHANGE AND SET YOU FREE

Ruhe

IN DER RUHE LIEGT DIE KRAFT
DIE UNS VIEL ERFAHRUNG SCHAFFT
IST DER ERFAHRUNG DANN GENUG
TUT DIE RUHE WIEDER GUT

PARTING

A PERSON HAS GONE, IT'S HARD TO BELIEVE
YOU ARE SAD AND SINK IN DEEP GRIEF
BUT YOUR GOOD MOOD WILL GROW
IF YOU TRY TO LET GO

Abschied

FÜR IMMER NUN VON UNS GEGANGEN
VORBEI IST ALL DAS LEID UND BANGEN
UND IMMER NOCH NICHT GANZ ZU FASSEN
IST ES NUN ZEIT LOSZULASSEN

*G*RIEF

IT IS HARD TO BELIEVE
YOU SINK IN DEEP GRIEF
WHEN YOUR DEAREST HAS GONE
IS NOT COMING BACK HOME
BUT AFTER A WHILE
YOU WILL BE ABLE TO SMILE

TRAUER

TRAUER KANN MAN SCHWER ERTRAGEN
UND DOCH WILL MAN SICH STETIG FRAGEN
WEINE DOCH, WENN AUCH MIT MÜH
UND MAN ERKENNT, IST'S NOCH ZU FRÜH

Advice

YOU THINK YOU ARE WISE
IF YOU GIVE SOME ADVICE
BUT PLEASE DO NOT BE SAD
IF ONE THINKS IT IS BAD

RATSCHLAG

GUTER RATSCHLAG IST OFT TEUER
UND ER WIRD ZUM UNGEHEUER
WENN ER DIR WIRD OKTROYIERT
UND DADURCH ZUM SCHLAGE WIRD

Anger

PLEASE LET GO OF ANGER
YOU COULD GET IN DANGER
GIVE IT A SMILE
YOU WILL BE FINE FOR A WHILE

Ärger

ÄRGER TUT NIEMANDEM GUT
DOCH SEI BESONDERS AUF DER HUT
WENN JEMAND DICH OFT ÄRGERN WILL
ZIEH DICH ZURÜCK UND WERDE STILL

Lust

LUST IS NOT EASY TO BE STATED
ONE ONLY GETS VERY FRUSTRATED
IF LOVE IS NOT INVOLVED
THEN FRUSTRATION WILL NOT BE SOLVED

Lust

LUST IST AUCH EIN SAFT DES LEBENS
DOCH BALD FÜHLT MAN SIE VERGEBENS
WEIL SIE WIRD SEHR BALD ZUM FRUST
VERWECHSELT LIEBE MAN MIT LUST

Shame

THERE IS NOTHING TO BE ASHAMED ABOUT
EVEN IN DOUBT
TO FORGIVE YOURSELF IS HARD
IT IS A KIND OF ART

Scham

SIE LEGT UNS MANCHMAL VÖLLIG LAHM
DOCH UNBEGRÜNDET IST DIE SCHAM
ERGIBT MAN SICH DEM LEBENSFLUSS
IST NICHTS, DESSEN MAN SICH SCHÄMEN MUSS

Confidence

WHAT DOES CONFIDENCE MEAN?
IT IS GIVE AND TAKE IN A STREAM
TO TAKE IS SOMETIMES NOT SO EASY
YOUR THOUGHTS ARE OFTEN MUCH TOO BUSY
TO ACCEPT A GIFT – AND HENCE
IT'S POSSIBLE WITH CONFIDENCE

Vertrauen

DER GRUNDSATZ VOM ZUSAMMENLEBEN
IST WOHL DAS GEBEN UND DAS NEHMEN
WENN GEBEN RÜCKHALTLOS GESCHIEHT
UND DAS VERTRAUEN NACH SICH ZIEHT
FÄLLT AUCH DAS NEHMEN NICHT MEHR SCHWER
UND STELLT ERNEUT VERTRAUEN HER

PEACE

PEACE – CAN ONE EVER ACHIEVE IT?
HUMANITY WANTS TO BELIEVE IT
BUT CAN MANKIND EVER BE MATURE ENOUGH
IN A WORLD SO POOR AND ROUGH?
SAY TO EACH OTHER, »I LOVE YOU«
THEN ONE DAY, PEACE WILL COME TRUE

FRIEDE

GOTT SEI DANK, NOCH GIBT ES FRIEDEN
SEHR VIEL DAVON IST NICHT GEBLIEBEN
SAGT MAN SICH ÖFTER »HAB DICH LIEB«
DANN GIBT'S WAHRSCHEINLICH NIE MEHR KRIEG

Silence

DO YOU KNOW WHAT SILENCE IS?
HAVE YOU EVER HEARD A LEAF?
FALLING SLOWLY FROM A TREE
WHEN YOU FEEL THE SILENCE
YOU WILL NOT FLEE

STILLE

WEISST DU NOCH, WAS STILLE IST
WEISST DU NOCH, WER DU BIST
HALTE INNE, GEH IN DICH
UND DU BEGEGNEST DEINEM ICH

DISTRESS

WHEN IN DISTRESS
IN A BIG MESS
YOUR DAILY BREAD AT STAKE
WITH NO BREAK
THEN RECOVERING WHAT IS LOST
IS JUSTIFIED, WHATEVER THE COST
A DISTRESSED SOUL
WHO FEELS OUT OF CONTROL
SHOULD DOUBLETHINK
TO FIND THE MISSING LINK

Not

EIN MENSCH GERÄT GAR OFT IN NOT
WIE IMMER ER DIESE EMPFINDET
ERST WENN ES GEHT UMS TÄGLICH BROT
IST DIESE AUCH BEGRÜNDET
KOMMT DIESE NOT DOCH AUS DER SEELE
UND SCHREIT SIE AUF AUS VOLLER KEHLE
DANN IST ES ZEIT, UMZUDENKEN
UND IN BEFREIUNG SIE ZU LENKEN

Joy

IT DOES NOT TAKE MUCH TO BRING JOY
GIVING IT EVERYTHING AND
JUMPING AROUND LIKE A CHILD
WILL OPEN YOUR EYES AND HEART
AND CONNECT YOU TO NATURE'S ART

FREUDE

ES BRAUCHT NICHT VIEL, UND DOCH OFT SCHWER
WIE LANGE IST ES WOHL SCHON HER
DASS DU VOLL FREUDE ALLES GIBST
AM LIEBSTEN IN DIE LÜFTE HÜPFST
UND DU HAST IMMER FREUDE PUR
SIEHST DU DICH UM IN DER NATUR

Disappointment

HOW DOES DISAPPOINTMENT FEEL?
LIKE A HEART OF STEEL?
YOUR EXPECTATION WENT IN THE WRONG DIRECTION
AND IN THE END, IT WAS A BIG DECEPTION

ENTTÄUSCHUNG

WIE FÜHLT SICH ENTTÄUSCHUNG AN
FAST HAT MAN EIN GEFÜHL VON SCHAM
DASS DIE ERWARTUNG GANZ UND GAR
EINE GROSSE TÄUSCHUNG WAR

RELUCTANCE

WE HAVE ALL FELT RELUCTANCE AND FATIGUE
BUT IF YOU WANT TO PLAY IN THE BIG LEAGUE
GET OFF THE COUCH AND BE CREATIVE
EVERYTHING WILL BE ACCOMMODATIVE

Unlust

JEDER SPÜRTE WOHL SCHON UNLUST
UND KANN ZU NICHTS SICH AUFRAFFEN
DOCH SIE VERWANDELT SICH IN LUST
WENN MAN BEGINNT, ETWAS ZU SCHAFFEN

Sense of Guilt

WHY ARE WE STILL AGHAST
AT THINGS IN OUR PAST?
GUILT SHOULD NOT LEAVE A LASTING TRACE
IT IS JUST A FEELING SO CLOSE THE CASE

SCHULDGEFÜHLE

WARUM ETWAS, DAS LÄNGST VERGANGEN
VERSETZT UNS NOCH IN ANGST UND BANGEN
SCHULD LEGT WIRKLICH KEINE SPUR
DIE GEFÜHLE SIND ES NUR

Anger

DOES ANGER GIVE US POWER AS BELIEVED BY SOME?
THEY ALLEGE IT HAS A FREEING EFFECT – THAT'S DUMB!
BE AWARE OF WHAT YOUR SOUL WANTS YOU TO ASSESS,
YOUR ANGER WILL MAKE YOU POWERLESS.

ZORN

MAN GLAUBT, DER ZORN – ER GIBT UNS MACHT
HAT ER SO MANCHEN FREI GEMACHT
DIE SEELE SAGT DANN, GIB DOCH ACHT
ERKENN' IN WAHRHEIT DEINE OHNMACHT

RAGE

HOW OFTEN DO WE SCREAM WITH RAGE?
HOW OFTEN DO WE CRY WITH RAGE?
RAGE UPSETS AND HAS MANY FACES
RAGE BREAKS BINDING CHAINS IN MANY CASES

Wut

WIE OFT SCHREIEN WIR VOR WUT
WIE OFT WEINEN WIR VOR WUT
WUT HAT VIELERLEI FASSETTEN
DOCH SIE SPRENGT ZU ENGE KETTEN

DESIRE

THE MOST POSITIVE OF ALL ADDICTIONS
BEARS MANY CONTRADICTIONS,
ALL CONSTRUCTED IN THE MIND
NOT FULFILLED AND ILL-TIMED

IS IT NOT ALSO A DESIRE
ATTACKING US WITH FULL FIRE
TO FIGHT UNFULFILLED WISHES?
THIS LONGING NEVER ENDS
AS LIFE EXTENDS.

SEHNSUCHT

DIE POSITIVSTE ALLER SÜCHTE
TRÄGT DOCH HUNDERTE GEWICHTE
WENN NICHT ZUR ERFÜLLUNG WIRD
WAS MAN IM GEISTE SO KREIERT

IST SIE NICHT AUCH EINE SUCHT
DIE UNS BEFÄLLT MIT VOLLER WUCHT
WENN WIR MIT UNS STETIG RINGEN
GEHEIME WÜNSCHE HOCHZUBRINGEN
DOCH DAS SEHNEN HÖRT NIE AUF
DAS IST WOHL DES LEBENS LAUF

Pandemic

WHY DO WE SUFFER SO MUCH?
THE WHOLE WORLD IS GETTING THIS TOUCH
FROM A VIRUS SO SMALL
WHICH IS AFFECTING US ALL
WHERE DO YOU COME FROM?
YOU FORCE US TO STAY HOME
WHAT SHALL WE DO?
HOW CAN WE FIGHT YOU?
LOVE INSTEAD FEAR
I WILL DISAPPEAR

PANDEMIE

DU KLEINES, VIRUS WO KOMMST DU HER
DIE GANZE WELT LEIDET SO SEHR
WAS WILLST DU UNS SAGEN
WAS KÖNNEN WIR WAGEN
WAS SOLLEN WIR FÜHLEN
UM UNS NICHT ZU ZERWÜHLEN
UM DCH ZU BESIEGEN
MÜSSEN WIR LIEBEN
UND ERST WENN WIR'S VERSTEHEN
DANN WIRST DU GEHEN

THERE IS AN ENERGETIC GLOW
WHERE IT COMES FROM, WE DO NOT KNOW
A MERE BELIEF OR AN ODD THOUGHT
WHAT WE FEEL MAY BE GOD

Gott

JA, WIR SIND MIT IHM VERBUNDEN
HEILT ER DOCH ALL UNSERE WUNDEN
WENN WIR'S IHM UND UNS ERLAUBEN
IN BEDINGUNGSLOSEM GLAUBEN